W0293268

Du même auteur au Rouergue

Kilomètre zéro - **roman doado, 2001**
La chauffeuse de bus - **(ill. Candice Hayat), roman Zig Zag, 2002**
Mon Père-Noël - **(ill. Célestin), roman Zig Zag, 2003**
Tu parles, Charles ! - **(ill. Charles Dutertre), roman Zig Zag, 2004**
La nuit de mes 9 ans - **(ill. Charlotte Légaut), roman Zig Zag, 2006**
Vive la mariée ! - **(ill. Catherine Chardonnay), roman Zig Zag, 2006**
Jean-Débile Monchon et moi - **(ill. Aurélie Grand), roman Zig Zag, 2007**
Ma vie de chien - **(ill. Candice Hayat), album jeunesse, 2004**
Ici Londres ! - **(ill. Anne Herbauts), (musique Olivier Mellano), (journal Aurélie Luneau), livre-cd, 2009**
La fois où je suis devenu écrivain - **roman doado, 2012**
L'été pop - **roman dacodac, 2012**
Benjamin et ses copains - **(ill. Aurélie Grand), roman Zig Zag, 2013**

Né en 1969 à Brest, **Vincent Cuvellier** est écrivain.
Il vit en ce moment à Bruxelles.

Couverture : © **Zachary Rathore/Moment/Gettyimages**

© Éditions du Rouergue, 2014
www.lerouergue.com

doado

Vincent Cuvellier

ma tronche en slip

rouergue

la star

Franchement, j'aime bien qu'on me regarde. Franchement, je me la pète gentiment. Franchement, j'adore quand les filles me tournent autour. Mais là, même pour moi, c'est trop.

J'explique : je sors de chez moi, je tombe sur une affiche 4 X 3 de ma tronche en slip. Enfin, ma tronche en slip, je résume, en vrai c'est tout moi, mon corps en entier des pieds à la tête, pas à poil mais presque.

C'est pas que je sois super gaulé mais ça va, j'ai fait du sport pendant sept ans, disons que je suis pas tout maigre comme mon pote Iban, pas gros lard comme mon pote Gorille, et pas tout mal foutu comme mon pote Marcus. Marcus, c'est n'importe quoi, c'est un Arabe, son vrai nom c'est Brahim, il trouve que Marcus ça fait plus classe. Mais ça fait pas classe Marcus, ça fait con.

En tout cas, pour une fois, c'est plutôt lui qui avait une raison de se foutre de ma gueule, vu les affiches.

– Oh, kangourou, t'es bien dans ton slip ?

– Lâche-moi, Brahim-ta-mère !

Franchement, à sa place, j'aurais fait pareil.

« Y en a qui sont bien dans leurs baskets. Moi, je suis bien dans mon slip ! »

Ça, c'est le slogan. Et plus bas :

« Le grand retour du slip kangourou. »

Quand je passe la porte du lycée, franchement, j'entends bien les ricanements débiles et les « kangourous, kangourous » sur mon passage.

Il y a même Courmayeur qui gueule *houba ! houba !*

– T'es con, je lui dis, *houba ! houba !* c'est pas le kangourou, c'est le marsupilami.

– J'y connais rien en musique, il répond, ce con.

Bon, Gorille et Iban, ils rient comme des canards, tu sais, comme ça « han han han ! », mais eux, c'est normal, un jour j'ai eu le malheur de mettre un pull rose, ils ont fait « you hou » avec le petit doigt en l'air toute la journée. Mais bon, on choisit pas ses potes…

En même temps, tout le monde a pas encore vu les affiches. Mais dans deux jours, c'est la campagne télé qui commence, ça va être chaud chaud chaud.

Mais, franchement, vu ce qu'ils m'ont payé pour me mettre en slip, à ce prix-là, j'aurais même rajouté une plume dans mon cul !

Pour l'instant, j'ai pas le dro [illegible] ucher, (à l'argent, pas à mon cul !) mais à mes dix-[illegible] abam, pendant qu'ils iront bosser au McDo moi je [illegible] r du monde entouré de plein de gonzesses. Ou [illegible] permis, je sais pas encore. En tout cas, ce qui [illegible] ue j'aurai des sous.

Le pire, dans cette hist [illegible] noi, j'ai rien fait. À part me mettre en slip.

Bon, j'explique. Ou e [illegible] e d'expliquer.

Charlotte

Je marche. ça va, jusque-là c'est pas trop compliqué. Je marche à pied, même. Dans la rue. Y a une gonzesse qui me mate. Une vieille. Enfin, pas une vraie vieille, une jeune vieille. Bonne. Bien bien bonne. Bon, franchement, je préfère les filles de mon âge. Bref, la meuf me mate, c'est même un peu trop. Limite gênant. C'est peut-être une pédophile de jeunes. Ça m'étonnerait vu que j'ai quand même seize ans, et que les pédophiles, c'est vraiment les bébés. Ou alors, c'est une couguar de jeunes. Sur les sites de cul, ils disent une MILF. Une MILF, en gros, c'est une vieille qui est encore bonne. Et une couguar, c'est une vieille qui se tape que des jeunes. Je m'arrête devant la vitrine d'un magasin de fringues, j'aime bien, franchement, et la meuf elle s'arrête vingt mètres plus loin, toujours en me matant.

Je sais pas quoi faire, alors je fais rien. Elle porte un pull marin. J'ai toujours adoré les meufs qui avaient des pulls marins. Je sais pas pourquoi. Ça vient peut-être de ce que je suis né en Bretagne. Elle a les cheveux courts. J'ai toujours adoré les meufs qui avaient les cheveux courts.

Ça vient peut-être que mon grand-père était militaire. Elle s'approche. J'ai chaud.

– Bonjour, t'aimes bien les fringues ?

– Ben ouais, c'est American Apparel…

– C'est une chouette marque.

– Ouais, je réponds.

Super discussion.

– Dis, je te regarde depuis tout à l'heure, tu as vachement d'allure.

– Ah ouais ?

– Ouais. Je m'appelle Charlotte, je travaille pour l'agence Pretty Kids, tu connais ?

– Non.

– C'est une agence de mannequins. On bosse que sur des gros contrats.

– Ah ouais ?

– Ouais. Ça te dirait de faire des essais pour nous ?

– Ben, faut essayer quoi ?

– Rien. On te prend en photo, on regarde et on te rappelle.

– Ben ouais. Et c'est payé ?

– Le shooting ? Non. On te donne le book à la fin, si t'es pas retenu, et t'as le droit de l'utiliser.

– C'est nul.

– Quoi, c'est nul ? Tu sais combien ça coûte un book de pro ?

– Ouais, mais c'est vous qui êtes venue me voir, c'est pas moi.

– Bon, on verra. Appelle ta mère.

– Quoi ?

– Appelle ta mère, t'es mineur, non ?

– J'ai dix-huit ans dans deux ans et demi. Bon, je l'appelle.

Elle me fait signe de la suivre, on va au bistrot.

– Allô, maman, ouais, c'est moi… euh, y a une dame qui veut te parler.

La fille prend mon iPhone :

– Oui, bonjour, je suis Charlotte de l'agence Pretty Kids.

– Je veux rien, répond ma mère.

– Euh, voilà, je suis *talent scout* pour Pretty Kids une agence de mannequins juniors, et je…

– Écoutez, je suis occupée, là, rappelez plus tard !

La vieille jeune me regarde, genre sciée.

– Je n'y crois pas, elle m'a raccroché au nez !

– Ben ouais, c'est ma mère, quoi… je réponds, fallait me laisser lui parler.

– Tu peux la rappeler…

Pas trop envie.

– Écoute, si tu es choisi, tu peux vraiment te faire des hum hum en or…

Des hum hum en or ? Elle est trop chelou, elle…

– Vous pouvez dire couilles, hein…

– Pardon ?

– Je dis, vous pouvez dire couilles, ça va, j'ai pas douze ans, non plus…

– Bon, tu la rappelles ?

– Ouais, mais vous me laissez faire…

Allez.

– Ouais, m'man, c'est moi…

– Coucou, Bibi… je ne peux pas trop te parler, là, je is en entretien…

– Ouais, c'est juste pour te dire, y a une meuf, enfin, une dame, tu sais, du même âge que toi, tu sais, elle t'a parlé au téléphone, t't à l'heure, ouais, ben, elle veut me prendre en photo… ouais, pour des fringues… non, au début, c'est pas payé, mais après oui…

Ma mère soupire. Dans le téléphone, ça fait genre prrfrrroutt…

– Qu'est-ce que c'est que cette combine, encore… écoute, Bibi, je ne sais pas ce que c'est, mais moi, je ne veux pas que tu fasses des photos avec des inconnus, comme ça… alors, tu rentres à la maison, et tu vas jouer à la console…

– Mais, m'man !

– Je t'ai dit : tu rentres à la maison jouer à la console !

Elle raccroche.

– Alors ? demande la MILF.

– Elle a dit oui.

– Bien, parfait. Alors, allons chez toi.

– Mais ?

– Quoi ? On va chez toi… de toute façon, je ne peux rien faire avant d'avoir fait signer tes parents.

Eh merde. C'est râpé, ma mère va jamais vouloir. Et mon père, ça va être encore pire.

– Oui, mais là, ça va pas être possible…

– Et pourquoi ?

– Ben, ma mère, elle travaille… et mon père aussi, alors…

– Y en a pour cinq minutes. Elle fait quoi, ta mère, elle est docteur, c'est ça ?

– Non, pire…

– Pire que docteur ? Je ne vois pas… avocate ?

– Non, pire. Elle est assistante sociale.

La dame fait la moue. Qu'est-ce que ça va être quand je vais lui dire le boulot de mon père. Pourvu qu'elle me demande p…

– Et ton père, il fait quoi ?

– Pfff, il est éducateur spécialisé. Il s'occupe de jeunes. Enfin, la moitié du temps.

– Et l'autre moitié ?

– Euh, il fait de la politique, il est à la mairie, pas maire, mais juste avant.

– Ah. Et tu sais dans quel parti il est ?

– Je sais pas le nom exact, mais je sais qu'il est pour Mélenchon.

– Aïe. Ça va pas être facile, alors.

– Non, je réponds. Ça ne va pas être facile.

On a pris le chemin de chez moi, tous les deux. C'est bête, mais j'avais super envie qu'on croise des copains, qu'ils me voient avec cette belle gonzesse… Mais non, on n'a croisé personne, à part le facteur. Mais le facteur, ça compte pas.

Ben Laden

Ma mère, elle est féministe. Mais ça, encore, c'est rien, mon père il est féministe aussi ! T'imagines ?

– Ouais, les femmes c'est pas des objets, y en a marre de voir toute cette viande dans les pubs, tout ça !

La tronche qu'il va faire quand je vais lui dire que la viande, c'est moi.

Mon père bosse avec des voyous. En gros, quand un jeune a fait une connerie, une grosse, au lieu de le mettre en prison, on le place dans une maison avec un jardin. Ils sont pas enfermés, mais ils n'ont pas le droit de sortir, nuance. Et puis, on en enferme dix ensemble, comme ça, ils se tapent sur la gueule entre eux plutôt que de taper sur la gueule des autres.

Mon père, il est là pour éviter qu'ils se tuent, qu'ils tuent les autres, et qu'ils le tuent, lui. Et accessoirement, pour éviter qu'ils retournent en prison. Bref, il les éduque. Après, ça me fait marrer, parce que moi, quand je fais une petite connerie, mais petite, genre je vais pas en cours, je fous une claque à un pote, je me fais engueuler comme pas possible. Eux, les tarés, limite ils violent leurs grands-mères, il dit « Ouais, c'est pas grave, de toute façon, elle était vieille. »

Tour ça pour dire, qu'avec ma MILF, on était devant la porte du centre social Georges-Moustaki, là où il bosse quand il est pas dans son centre.

– Tiens, Bibi ? Qu'est-ce tu fais là ?

Mon père est à son bureau. En face de lui y a un type de mon âge qui baisse la tête.

– Salut p'pa, euh, j'passais, c'est juste pour te demander un truc… mais t'es occupé ?

– Oui, deux minutes, je termine.

Il se tourne vers le type, et lui dit :

– Bon, Ben Laden, je te préviens, à la prochaine connerie, c'est le clapier direct. Compris ?

– Oui, ça va, j'ai compris.

Et le gars file, toujours en baissant les yeux.

Je fais signe à Charlotte qu'elle peut entrer.

– Tu l'as appelé Ben Laden.

– Ouais, on l'a chopé dans sa chambre en train de fabriquer une bombe avec une bouteille de gaz…

– Eh ben, putain, si je faisais ça, moi, je me ferais tuer !

– Ouais, mais toi, t'es mon fils. Bon, tu veux quoi ?

– Je te présente Charlotte.

– Bonjour madame.

– Bonjour monsieur. Voilà, je travaille pour l'agence Pretty Kids, et j'ai…

– Elle veut que je pose pour elle…

– Que tu poses pour elle ? Non mais ça va pas la tête ?

– Attends, c'est cool, c'est juste pour faire des photos, et si c'est bon, je peux faire de la pub…

Mon père balance son stylo sur la table :

– C'est le pompon… ça fait vingt ans que je te t[illegible]ne que c'est des conneries tous ces machins, et toi, [illegible]f, tu plonges…

– Quinze…

– Hein ?

– Quinze ans… ça fait quinze ans que tu me tannes…

– Ouais, ben, je me demande à quoi ça a servi…

– Vous savez, on a l'habitude de travailler avec des mineurs, dit ma MILF…

– Moi aussi, madame… ça ne doit pas être les mêmes… il répond.

– Ça, c'est sûr…

Charlotte commence à montrer un petit tic d'agacement, genre : « ttt » avec le coin de la bouche.

– Bon, écoutez, laissez-moi vous expliquer ou je m'en vais.

Mon père se souvient d'un coup qu'elle est super belle, que c'est pas si souvent qu'il y a un canon dans son bureau, et que ça fait deux ans qu'il est célibate…

– Excusez-moi… allez-y, asseyez-vous si vous voulez.

– Je veux bien.

– Voilà, je travaille pour une agence de casting. On repère des jeunes dans la rue, en boîte, dans les facs même, pour trouver des personnalités… C'est pas que le physique qui nous intéresse, c'est aussi la « gueule », l'allure générale. Moi, par exemple, j'aime bien les physiques atypiques. Bref, ce matin, j'ai vu votre fils, je l'ai regardé marcher dans la rue, et…

Mon père la coupe :

– Ben, tu peux sortir, s'il te plaît ?

– Mais pourquoi ? je gueule, juste quand elle était en train de me faire des compliments !

– Ben, sors cinq minutes, merde !

Ça va, j'ai compris. Je baisse la tête moi aussi. Je suis dans le couloir. Ça me soûle, j'entends rien… J'aimerais bien qu'il dise oui… je sais pas pourquoi, je m'en tape de tous ces trucs, les mannequins, blabla, mais j'aimerais bien qu'il dise oui. C'est vrai, il m'arrive jamais rien, à moi. La dernière fois qu'il m'est arrivé quelque chose, c'est quand je me suis cassé la gueule en skate et qu'on m'a fait des points de suture sous l'œil… J'avais onze ans, t'as qu'à voir. Depuis, peau de zob. Rien. Nada. Zobi.

– Baisse les yeux, toi.

Je lève les yeux. Putain, Ben Laden qui me parle.

– Baisse les yeux, toi.

Je baisse les yeux. J'ai pas envie de me prendre un avion dans la gueule. Du coup, je retourne vers le bureau. De toute façon, les MJC, les centres sociaux, les centres éducatifs, les hôpitaux de jour, les maisons de la culture, bref, tous les genres d'endroits où bossent mes parents, ça m'a toujours foutu le bourdon…

J'ouvre la porte et jette un œil.

– C'est bon ?

– Bon, écoute, tu sais que je ne cautionne pas trop ce genre d'activités, pour moi c'est vraiment de l'aliénation, et…

– Donc, c'est OK ?

Mon père prend sa voix mielleuse de quand il drague sans en avoir l'air…

– On a parlé avec Charlotte, elle me paraît digne de confiance, je crois que c'est comme un pacte de confiance. Je compte sur toi pour respecter ce pacte, et…

– Cool !

– C'est OK, ton père a signé la décharge. Par contre, il faut aussi la signature de votre épouse.

– On est séparés ! crie mon père.

– Ah… eh bien, hésite Charlotte. Il faudra la signature de votre ex-femme, alors…

– Oui oui, allez la voir, je pense qu'elle dira oui.

Bon, c'est terminé, on sort du bureau.

Je me tourne vers Charlotte :

– Je vois maman ce soir, je lui en parle et je vous appelle demain, ça va comme ça ?

– Ça va comme ça… tiens, prends ma carte.

Elle me la tend avec un grand sourire. Elle me regarde par-dessus ses lunettes de soleil. Y a sa bretelle de soutien-gorge qui dépasse. J'essaie de voir mais je vois rien. Je me dis que ça sert à rien vu qu'elle en a pas beaucoup, des seins. Moi, mes copines elles en auront pas beaucoup non plus, des seins. Mais un peu quand même.

Je me demande si elle a un copain. Je pense que oui. Je suis sûr que c'est un sale con.

– À demain, alors.

– Oui, à demain… je bredouille… madame.

Le soir, je me branle. Si, en fait, elle en a, des gros seins…

les filles en maillot de bain

Ma mère a dit oui. Faut dire qu'elle a l'esprit pratique, ma mère.

– Écoute, si t'as envie, pourquoi pas… faut pas que tu te sentes mal, c'est tout.

– Ben non, ça me dit bien… je réponds.

– Après, franchement, si la pub se fait, comme elle m'a dit, tu peux vraiment te faire des sous… elle t'a dit combien ?

– Non, faut d'abord faire un truc, comme une audition…

– Et ton père, il a dit oui ? Ça m'étonne…

Je réponds rien. Elle sourit. Ça l'amuse de le voir galérer avec les gonzesses, vu que quand ils étaient ensemble, il arrêtait pas de la tromper, et maintenant qu'il est célibataire, il arrive plus à s'en taper une…

Bref, voilà, tout ça pour vous raconter comment je me suis retrouvé en slip.

Le premier jour, je me suis retrouvé dans un hangar, super loin en banlieue. Attends, ça va, on y a été en taxi. J'étais assis derrière, j'avais un peu les boules, j'avais l'impression d'être un gamin, avec ma petite ceinture, et Charlotte, elle, elle était bien devant, peinarde. Ça se voyait qu'elle a l'habitude de prendre le taxi.

J'en avais pas parlé à mes potes, ça sert à rien, ils sont cons, ils se seraient foutus de ma gueule.

Bon, on entre dans le hangar, c'est super glauque, y a un vigile, un clébard, des vieux tags dégueulasses, on rentre, une meuf me tend un badge, on passe une porte blindée, et là, tu me crois ou non, on se retrouve comme en vacances. Du vent, l'odeur du soleil, le bruit des mouettes, des filles en maillot de bain, et un ciel bleu pétant.

– Calme ta joie, petit, nous, c'est à côté.

Bref, on passe devant les nanas en maillot de bain, j'essaie de bien enregistrer tout ce que je vois, ça fera pour la branlette de ce soir. On passe une autre porte blindée, une grande pièce vide, avec des flashs, et un con de parapluie posé par terre, alors qu'il risque pas de pleuvoir à l'intérieur.

– Benjamin, je te présente Angelo.

– Salut, je dis.

– Salut, il dit.

Il me regarde comme on regarde un tableau dans un musée. Il recule un peu, me prend le visage pour le pencher légèrement, me demande de faire trois pas en arrière, trois pas en avant. Et il reste longtemps à me regarder, en plissant les yeux et se pinçant les lèvres. Enfin, au bout d'un long silence, il dit :

– Hmm, hmmm, il a quelque chose. Hmm, hmm, après il faut voir comment il prend la lumière, mais oui, y a un truc.

– Ah ! triomphe Charlotte. J'en étais sûre.

– Oui, il est pas beau beau, mais il a un truc.

Bon, ça va les gars, j'ai envie de dire, tranquille, faites comme si j'étais pas là…

Charlotte me tend des vêtements sur un cintre.

– Tiens, tu peux enfiler ça, s'il te plaît ?

Je prends les fringues et je cherche un endroit. Y en a pas.

– Y a pas de cabine ?

– Non, mais c'est bon, t'as qu'à faire ça là…

Je vais dans le coin qu'elle me montre. Y a un banc avec d'autres fringues posées. Des trucs de filles. Pfff, j'enlève mes chaussures, mes chaussettes. Charlotte et le photographe discutent sans me regarder, mais quand même. Je retire mon pull, mon tee-shirt, et vite mon pantalon, je mets vite le costume qu'ils m'ont filé. Y a un miroir. Ah oui, quand même !

Je reviens vers eux, la grande classe, le col blanc relevé. Le type me regarde à peine, et passe un coup de fil.

– Bon, tu fous quoi ? On shoote, là.

Deux minutes plus tard, une fille entre, et sans me regarder, dit :

– C'est lui ?

Personne répond et elle me fait signe de retourner m'asseoir sur mon petit banc. Elle pose un tabouret devant moi et sort ses trucs de maquillage. Elle me touche.

– Bouge pas tout le temps, dis…

– Mais ça pique votre truc.

– Oui, mais si tu bouges, je vais te crever un œil.

OK. Je bouge plus.

Elle me maquille, me fout du blanc sur les joues, du noir sur les yeux, du gel dans les cheveux.

Elle me tend un miroir. Ah ouais ! c'est dingue. C'est moi mais c'est pas moi. C'est moi mais en beau gosse. En beau gosse un peu pd, quand même.

– C'est bon, il est prêt ? demande Charlotte.

La maquilleuse répond :

– Presque.

Elle prend un bout de coton, le mouille avec sa langue et m'essuie le bord des lèvres. Ouah. C'est comme si elle me roulait une pelle, mais de loin. Franchement, faut qu'elle arrête, je vais péter mon slip.

– Ça y est.

La maquilleuse repart. Elle m'a pas fait un sourire, rien. Elle m'a juste touché le visage.

– Bon, alors, qu'est-ce que ça donne, dit Angelo. Ben, c'est pas mal, ça, c'est pas mal du tout. Va te mettre vers le parapluie, s'il te plaît.

– OK. Regarde-moi. Non, ne me regarde pas. Passe ta main dans les cheveux. OK. Penche-toi en avant, maintenant. En avant. Mais non, en avant, j'ai dit. Mais il sait pas se pencher en avant, ton gosse ? il demande à Charlotte.

– Je sais pas, moi. Penche-toi en avant, s'il te plaît.

– Comme ça ? je demande.

– Non, en avant, tu sais ce que c'est l'avant ?

Alors, je me penche vraiment, tant pis si je tombe, je dois avoir l'air con, mais ils ont l'air contents.

– Voilà. Souris, maintenant. Oui, souris. Pas une grimace, on n'est pas au cirque, un sourire. Voilà, comme ça, c'est bien. OK, nature, naturel, surtout, n'oublie pas, t'es naturel.

C'est sûr, c'est vachement naturel, d'être en costard dans un hangar à me pencher en avant et à sourire comme un con, mais bon.

– OK, c'est bon, moi j'ai, dit Angelo. On va faire le corps, maintenant.

Charlotte me tend un petit sac :

– Tiens, tu peux aller te changer.

– Euh… c'est fini ?

– Oui oui, c'est bon, va mettre ça.

Je prends mon petit sac, et je vais m'asseoir sur mon petit banc. J'entends un peu la musique de la salle d'à côté. J'ouvre le sac. Un slip. Tout petit. Oh, punaise. C'est pas vrai, je vais pas mettre ça, quand même. Je regarde vers Charlotte. Elle me fait en même temps un petit sourire et un signe qu'il faut que je me dépêche.

Les chaussures. Les chaussettes. Le pantalon. Le pull. Le tee-shirt. Charlotte discute avec Angelo. Elle rit.

Je suis en caleçon. Je dois juste enlever mon caleçon et mettre le slip. Y a juste un petit problème, oh, un tout petit problème de rien du tout. Je bande. Oh putain, c'est pas vrai… faut que je pense à un truc qui fasse pas bander. Mlle Le Foll, la prof d'arts plastiques. Normalement, ça fait débander, ça, Mlle Le Foll. Bon, allez, je retiens ma respiration comme avant de plonger dans le grand bassin, un, deux, trois, hop, j'enlève mon caleçon, j'enfile le slip. J'ai une trique du feu de Dieu, mais au moins je suis en slip. Je sais pas comment faire. L'idéal, faudrait que je me branle vite fait, pour débander. Mais je vois pas comment faire.

– Bon, tu viens ?

– Ouais, ouais, j'arrive.

J'ai l'impression qu'Angelo me prend pour un demeuré.

– Euh, je dois aller aux toilettes avant.

– Bon, vas-y, mais dépêche-toi.

Ouf, je mets le pull sur mes épaules, et je sors vers là où y a écrit « toilettes ». Je suis obligé de traverser la pièce avec les filles en maillot de bain, mais tant mieux, pour ce que j'ai à faire, ça va m'aider. Je me précipite dans une cabine, je tire la chasse d'eau, et là, je prends mon machin dans toute la main, et paf, vas-y que je te branle à toute vitesse. Taga tagada, faut que je me dépêche. Je ferme les yeux, je pense à une des filles en maillot de bain. Tac, elle se met toute nue, tac, elle me regarde. Tac, elle met son doigt dans sa bouche. Tac, tac, c'est bon, je viens. Fin de la branlette.

– Ah quand même ! ils disent quand ils me voient revenir.

– Ouais, j'ai mal au ventre, je réponds.

– C'est normal, y a toujours un peu de stress quand on débute, dit Charlotte.

Tu parles, j'ai envie de lui répondre, c'est juste que je suis en slip devant un canon. Mais bon.

Ils me regardent.

De bas en haut.

– Ah oui, c'est bien. C'est très bien, même. On dirait pas quand t'es habillé, mais en fait, tu es assez musclé.

– J'ai fait du hockey, je réponds. Et maintenant, je fais de l'athlé.

– Bon, très bien.

Elle appuie sur le bouton d'un ordi. Ça fait de la musique.

– Vas-y, bouge, tu bouges, normalement, comme si t'étais en boîte.

– Je vais jamais en boîte.

Elle s'en fout.

Angelo crie :

– OK, super, vas-y, laisse-toi aller, souris, les bras, mets les bras au-dessus de la tête. Naturel. Oui, comme ça, naturel.

C'est super naturel de danser en slip, l'autre, n'importe quoi !

En tout cas, au bout de dix minutes, c'est dans la boîte, je peux aller me rhabiller. Je savais pas que c'était rapide comme ça, les photos. Moi qui aime pas attendre, c'est cool.

Je retourne me changer sur mon petit banc. Il est occupé. Deux filles en maillot de bain enlèvent leur maillot de bain. Je fais genre celui qui s'en fout. Mais ohlala, je m'en fous pas, mais pas !

Gorille le gros porc

Le lendemain, je suis avec Gorille, dans ma chambre, à bouffer des chips. Gorille, c'est un gros porc, il bouffe tout le temps, il joue aux jeux vidéos, il se lave jamais et il est un peu con… mais c'est mon pote, j'y peux rien, c'est comme ça…

– Dring !

Je vais ouvrir. Y a un type avec un casque sur la tête qui me tend un paquet :

– Benjamin Jarnicol ?

– Oui.

– C'est pour vous, faut signer là.

J'ouvre. C'est un album photo. J'ouvre. C'est moi dedans. Je suis vachement beau. On dirait un acteur. Ou un chanteur. Par contre, je fais un peu des poses de fiotte. La main dans les cheveux ou genre j'éclate de rire la vie est trop cool. Bref, je suis beau mais j'ai l'air un peu con. Sur la première page de l'album, y a un mot signé Charlotte : « En route vers la gloire. »

Pffff…

– Viens, bordel.

Ça, c'est Gorille. En route vers les chips.

Il me tend le paquet.

– Tiens, c'est au paprika.

– Non merci.

Pour la première fois de ma vie, je dis non à une chips. Je fais gaffe à ma ligne. Attention, c'est que je suis mannequin, moi… en route vers la gloire… si je deviens un gros sac comme Gorille, y aura plus jamais de filles en maillot de bain qui enlèveront leur maillot de bain.

– T'es con, c'est trop bon.

Il regarde même pas mon book, il s'en fout, je crois.

– Gorille, on va faire un tour ?

Il me regarde comme si je venais de dire une grosse connerie, et prend même pas la peine de me répondre. Bien sûr que non, il ne va pas sortir faire un tour. Sinon, il ne serait plus Gorille.

Toute la journée, on joue à *Ultimate Zombie III*. Faut tuer des cons. C'est cool.

Le soir, comme c'est la semaine chez mon père, c'est mon père qui rentre en soupirant :

– Punaise, ça sent le fauve… t'es encore resté toute la journée à jouer avec l'autre gros porc…

– C'est pas un porc c'est un gorille.

– C'est pareil… punaise, tu pourrais te choisir d'autres…

Je lui tends le book :

– C'est quoi ça ? il dit.

– Mon book pro.

Il le feuillette, longtemps, sans rien dire.

– Oui, c'est pas mal. Mais tu te tiens bizarrement, sur certaines…

Je fais la gueule.

– Mais non, c'est vachement bien, c'est super beau…

– Pff, je soupire, ça fait pd, c'est ça ?

– Euh, mais non, pas du tout, et puis tu sais c'est pas un défaut, pd…

Je range l'album dans un tiroir de ma commode, dans ma chambre.

– Je pourrai en prendre une, pour Mamie ? il demande.

– Ben, non, c'est un book pro.

– OK, je répète : je vais en prendre une pour Mamie.

– D'ac.

Je vais me coucher.

Je prends un bouquin. Je fais semblant de lire jusqu'à ce que mon père passe un œil dans ma chambre, comme il fait tous les soirs.

– Bonne nuit, play-boy.

Je grogne un truc. J'éteins la lumière. Mon bouquin tombe par terre. J'essaie de me branler, mais au lieu de filles en maillot de bain, y a Gorille qui se cure les dents. Nuit.

dans la vraie vie...

Bien sûr, dans cette histoire, y a une meuf… une vraie, je veux dire, pas une MILF, ni ma mère, ni ma grand-mère, ni un mannequin à moitié à poil… une vraie meuf, quoi, une du bahut, avec un sac à dos, les cheveux, des fois des jupes, des fois des pantalons… elle est bonne, mais je te raconte que ça… bon, elle a pas de seins, mais je m'en fous des seins. Elle a, je sais pas, elle a un truc… des fois, elle sourit, des fois elle fait la gueule. En vrai je la connais même pas… elle s'appelle Machin, je l'appelle Machine, et bien sûr, j'en parle pas à mes potes, ils seraient capables d'être cons.

Je lui ai parlé deux fois. Une fois, « excuse », je l'avais bousculée, une deuxième fois « salut, ça va ? » elle m'a pas répondu. Je sais, c'est pas lourd, mais j'ai que ça pour l'instant. Mais bientôt, c'est cool, je vais pouvoir lui dire « salut, je fais des pubs pour des slips », ça va être la grande classe.

En attendant, j'attends.

Ça fait un mois que j'ai rencontré Charlotte, une semaine que j'ai reçu mon book, et trois jours que je me suis pas branlé… je me dis que c'est raté et, en même temps, je me dis que c'est bon… c'est bizarre, j'ai vachement envie qu'ils me rappellent, de faire leurs photos, de gagner plein de fric, peut-être d'être acteur, attends, t'imagines, et en même temps, je m'en fous un peu… j'arrive pas à savoir. J'ai toujours trouvé ça débile, les mecs de mon âge qui passent à la télé, les beaux gosses, qui se la pètent, et tout, mais en même temps, si c'est moi le beau gosse qui se la pète, ça change tout.

Comme j'ai rien à faire, en attendant, je vais vous présenter mes potes : donc, en un, y a Gorille. J'ai jamais compris pourquoi c'était mon pote, mais c'est mon pote. Il est gros, il pue, il est pas drôle, mais bon, comme je dis toujours, on choisit pas ses amis. En deux, y a Iban. Lui, il est marrant, mais il fait pas exprès. Il a encore sa voix de gonzesse qu'on a quand on est un gamin… il grandit pas, il a pas de poils, on dirait qu'il a raté sa croissance, qu'il est resté bloqué à l'époque où on jouait aux Playmobil. Si ça se trouve, il met encore un pyjama… pareil, je sais pas pourquoi c'est mon pote, mais c'est mon pote. Avec lui, je peux faire des trucs que je fais jamais. L'autre jour, on a même regardé *Les Aristochats*. Le pire, c'est que c'était cool.

En trois, y a Brahim/Marcus. C'est mon copain arabe. Mon père, il trouve ça génial que j'aie un copain arabe. Moi, je m'en fous. Il est un peu chiant, Marcus. Il parle toujours trop fort, et il sort que des conneries. J'ai hâte d'avoir un autre pote à la place.

Et en quatre, y a tous les autres.

Dans ma famille, donc, y a ma mère, qui est cool, et mon père, qui est cool aussi, mais moins. Ils se sont connus, y a super super longtemps, dans une manif, t'as qu'à voir... ils se sont séparés quand j'avais dix ans. On fait une semaine sur deux, donc, une semaine sur deux, c'est cool, et l'autre semaine, c'est cool aussi, mais moins.

Après, y a ma grand-mère. Je crois bien qu'elle s'en fout de moi, mais en vrai, je sais pas. J'avais aussi des grands-pères et une autre grand-mère, mais ils sont morts super vite. Surtout mon grand-père, il est vraiment mort super vite, au moins à 120 km à l'heure, dans un accident de voiture, entre Toulouse et Perpignan.

Après, des gens, j'en connais plein d'autres, mais j'arrête, parce que je me rends compte qu'en fait, ben, j'en connais pas tant que ça. C'est vrai, je vois tous les autres, avec leur meilleur ami, avec une fille qu'ils connaissent depuis la maternelle, avec une fille dont ils sont raides dingues. Et moi, macache. Que nib. Peau de zob. Nada. Moi, j'ai un gros copain qu'on appelle Gorille, un autre avec une voix de fille, un troisième qui s'appelle Brahim mais qui se fait appeler Marcus. Moi, j'ai une fille qui me dit pas bonjour, et des parents qui se disent pas bonjour non plus. En fait, je rigole tout le temps, mais j'ai souvent les boules. Et j'ai juste envie d'un truc, c'est que ça bouge, bordel !!!

Kad Merad

Putain, ça bouge, bordel. Je suis dans un avion qui vole. Au-dessus de l'Afrique. Ça veut dire que si un terroriste nous fait tous péter, qu'on tombe dans le vide, et que par miracle on s'en sort, ben, arrivés en bas, on se fait bouffer par des crocos.

Je suis assis à côté d'un type qui, à mon avis, doit avoir envie de se faire tous les petits jeunes de la terre, sauf moi. C'est presque vexant. Le mec c'est le fils de Dave et de Mika, il a dû voir des filles toutes nues qu'en photo, et encore, il est plus gay que le plus gay des gays, et il fait comme si j'étais pas là... il est là pour s'occuper de moi. C'est l'assistant de Charlotte, en gros il fait tout ce que Charlotte veut pas faire. Et là, il est chargé de m'accompagner en Afrique du Sud pour le tournage de ma première pub.

En fait, j'ai compris le truc, il a les boules parce qu'on est pas en business class. On est en avion normal avec les gens normaux... Y a même des Noirs, t'as qu'à voir... va falloir qu'il s'habitue, parce qu'en Afrique du Sud, y en a beaucoup, des Noirs. Quand il a su que j'allais là-bas, mon père m'a fait tout un topo sur Nelson Mandela, le racisme, l'apartheid, franchement, j'ai écouté un mot sur deux, et encore, pas les bons…

Ma mère, elle m'a juste dit de prendre un truc contre la colique.

– Ça va, toi ? me demande mon voisin qui vient de se rendre compte que j'existais.

– Ben ouais…

Voilà. Super conversation. Je tapote la tablette devant moi. Cool, y a des films. Je choisis une connerie avec Kad Merad. J'aime bien regarder des conneries avec Kad Merad. C'est marrant, je pensais que j'aurais peur en avion, même pas ! De temps en temps, je jette un œil autour de moi. J'essaie d'imaginer qui pourrait être un terroriste, dans les passagers. Y en a un, un Arabe avec une grande barbe et une djellaba, je me dis que c'est trop gros. Moi, si j'étais terroriste, j'essaierais de passer un minimum inaperçu. Tiens, cette grosse dame au fond, elle est énorme, ça existe pas dans la vraie vie, grosse comme ça, c'est sûr qu'elle doit planquer un bazooka sous son boubou…

Y a l'hôtesse de l'air qui passe et repasse devant moi… elle n'arrête pas de me sourire. Je suis sûr qu'elle me cherche. Gorille a raison, il dit qu'hôtesse de l'air, c'est un métier de salope. En même temps, ça doit être bien chiant d'être hôtesse de l'air. En plus qu'elle peut même pas mater un film avec Kad Merad.

J'avoue que j'ai pas pigé pourquoi il fallait aller en Afrique du Sud pour tourner une bête pub dans un jardin, mais bon, c'est eux qui paient.

– Attends, c'est super intéressant, me dit l'assistant de Charlotte, les *colored people*, là-bas, tu les paies rien du tout… en plus ils sont mignons mignons…

– Les quoi ?

– Les *colored people*… les Noirs, quoi… c'est super intéressant… en France, avec leur syndicat et toutes leurs conneries, faut les payer plein pot, les mecs…

Hou là, faut pas qu'il discute avec mon père, lui…

Je regarde par le hublot. J'essaie de voir un éléphant, je vois qu'un nuage. Même pas en forme d'éléphant. Mon voisin a mis son casque. Moi aussi. Kad Merad court en slip dans la savane. Je m'endors.

Mandela

La première personne que je vois en arrivant à Johannesbourg, c'est pas un mannequin, c'est pas un responsable de l'agence, c'est pas un guide, c'est même pas un chauffeur de taxi, c'est un garde du corps.

Mon voisin glousse un truc du genre « Je me ferais bien garder mon corps, moi ! » et nous voilà en route vers la première épreuve : on doit aller retirer des sous. Mon voisin, (faut que je lui demande son prénom, vu que je vais pas l'appeler mon voisin tout le temps), sort sa carte au milieu de l'aéroport et Jimmy, c'est le garde du corps, attrape sa main et la remet dans sa poche, genre « T'es fou, tu vas te faire tuer. » On va au distributeur d'argent, et Jimmy a sa main dans le revers de sa veste, style prêt à sortir un flingue au moindre signe suspect… Mon voisin, bon allez, je vais l'appeler Karl, je trouve qu'il a une tronche à s'appeler Karl, retire une grosse grosse liasse, et me dit en souriant :

– Voila, avec ça on a de quoi voir venir.

Y a vraiment beaucoup d'argent, et le garde du corps nous escorte jusqu'à une bagnole, comme si on était des présidents de la République.

– Il est arrivé, Gérard ? demande Karl.

Le garde du corps fait signe qu'il en sait rien.

On grimpe. J'entends les verrous se baisser automatiquement. J'éternue.

– C'est l'air con… dit Karl.

– L'air quoi ?

– L'air con… l'air conditionné, quoi… ils en mettent partout, ici… à chaque fois que je viens, je me chope la crève…

– On va où ? je demande.

– On va où, on va où ? Mais il est trop drôle, celui-là ! T'es là pour bosser, mon petit lapin, pas pour faire la nouba ! On va tourner au studio, voilà où on va ! Non mais je rêve… si tu fais ça avec Gérard, tu vas te faire casser, mon vieux !

Je me demande quand il va la fermer sa gueule, et je regarde les rues. Des buildings, des gens qui passent, qui marchent, qui courent. Personne qui rêvasse ou qui discute. C'est marrant, j'ai pas l'impression d'être en Afrique. Ça ressemble plus aux États-Unis. Enfin, j'ai jamais été aux États-Unis, mais j'imagine…

Y a des Noirs partout, et des Blancs un peu. Et des portraits d'un vieux monsieur souriant.

Jimmy, le garde du corps, est assis à l'avant. Il soulève ses lunettes, se retourne, et me fait un clin d'œil.

Madiba !

Je sais qui c'est, mon père a pas arrêté de m'en parler… c'est Nelson Mandela, un type qui a passé des années en prison parce qu'il était Noir et qu'il voulait que les Noirs soient pareils que les Blancs et après la prison il est devenu président.

Karl a un petit signe d'agacement. Il se penche vers Jimmy et lui dit avec son air con :

– Salut, moi, c'est Kevin, mais tu peux m'appeler Kev.

Le garde du corps remet ses lunettes, et regarde à nouveau la route. Le chauffeur, lui, s'en fout. Il roule et c'est tout.

Yannick Noah

On est arrivés au studio. Bon, j'explique : y a une barrière et quatre types armés, mais c'est pas des militaires ni des flics. C'est des types armés, quoi…

Jimmy tend sa carte. Il a l'air de connaître les gars. Le chauffeur baisse les vitres pour qu'ils puissent nous voir. Je leur fais un sourire mais pas eux. Y en a un qui dit yes. La barrière se lève. On entre. Dans un drôle d'endroit. C'est bizarre. J'arrive pas à expliquer comment c'est… à la fois c'est une ville et c'est pas une ville. Ça ressemble à une ville. Y a des maisons, des jardins, un square, des voitures garées, et ça ressemble pas à une ville.

– Tu reconnais pas la maison ? me dit Ka… euh, Kev…

– Bah non.

– Groupama ! Tu reconnais pas ? C'est la maison Groupama ! La maison à Cerise.

Je lui dis pas qu'il faut dire « la maison DE Cerise », je lui dis pas que je connais pas cette pub, que j'ai pas la télé, et surtout, je lui dis pas que je m'en fous. Ça aurait été plus cool si Charlotte était venue… au moins elle a des seins…

On s'arrête devant un hangar.

– Putain, ils auraient pu nous arrêter devant le hangar, merde !

– Mais on est devant le hangar, je réponds.

– Ouais, ben, si t'as envie de marcher, marche, coco…

On entre dans le hangar. J'espère qu'il va y avoir des gonzesses en maillot de bain. Tu parles, rien du tout, y a vingt pauvres gars en tee-shirt, qui font semblant de travailler.

Kevin lance :

– Il est arrivé, Gérard ?

Personne répond. Y a un gars qui vient vers nous. Un gars très grand. Un Noir.

Il dit un truc en anglais, et moi l'anglais, j'y comprends rien. Les boules, c'est Kevin qui va devoir tout traduire. Ça veut dire que sans Kevin, je vais rien comprendre…

– Bon, ils sont prêts. Ils ont réglé les caméras, Gérard arrive d'un moment à l'autre… beh, qu'est-ce que t'attends, toi, il me dit, va te changer, toi, t'es pas en vacances.

Putain, je dis rien, je serre les poings, et je vais je sais pas où vu qu'il m'a rien dit…

– Mais tu vas où, toi ? Il va où, lui ? On doit faire les essais lumière, attends, j'envoie un boy… Toi, là, viens, dit l'autre abruti de Kevin à un des gars en tee-shirt. Il lui dit un truc en anglais.

Le gars me fait signe de le suivre. On arrive devant une porte avec écrit *Model* et dessous mon nom et ma photo ! Ça, c'est la classe !

Il y a sur une table une bouteille d'eau et une corbeille de fruits. Ma mère m'a dit de surtout pas manger de fruits, sauf des bananes. Il y a aussi une série de dessins numérotés, où est représenté un type avec des vêtements sur lui. Le gars me montre la première page et me fait comprendre qu'il faut que je prenne le cintre avec le même numéro.

Alors, attends, numéro un, numéro un, oh punaise, c'est un slip bleu. Pfff, j'en ai marre d'enfiler des slips. À croire que je suis bon qu'à ça. En tout cas, ce coup-ci, j'ai pas la gaule. Et c'est pas Kevin qui va me la donner.

Je me fous à poil. C'est bizarre d'être à poil dans un endroit qu'on connaît pas. Pour un peu, je me branlerais, mais je sais pas pourquoi, je me dis qu'il y a peut-être des caméras planquées. Alors, j'enfile leur putain de slip et je me radine dans le studio. La trentaine de personnes présentes me mate. Les gars en tee-shirt s'en foutent, ils en ont vu d'autres, et Kevin fronce les sourcils d'un œil connaisseur.

– Bon, t'es pas Yannick Noah, mais c'est vrai que t'es pas mal…

Du coup, je bombe le torse, y a personne à draguer mais je drague quand même. Mais plus personne me regarde. Y a Gérard qui est arrivé !

Gérard Jugnot

Putain, c'est Gérard Jugnot !

Mais siii, c'est un acteur, il est super connu, il joue dans *Les Bronzés* et tout, et je l'ai vu aussi dans un truc où il est policier, il est un peu gros, chauve avec une moustache sauf que là il n'a plus de moustache...

– Bonjour, bonjour, bonjour...

Il serre la main à tout le monde, sauf Kevin qui lui claque la bise direct.

– Salut, Gérard, ça va ? Pas trop dur la clim ?

– Euh non, ça va, bonjour...

Il arrive devant moi.

– Alors c'est lui, notre petit prodige ?

Je fais oui de la tête. Je suis en slip devant Gérard Jugnot. Des fois, la vie, c'est n'importe quoi.

– Eh bien, enchanté, Benjamin, c'est ça ? Moi, c'est Gérard... bon, alors écoute, on va bien travailler. On n'a que deux jours de toute façon... je vous explique, le principe, ce sont trois pastilles humoristiques de vingt secondes chacune, où à chaque fois, tu te retrouves en slip… mais, de toute façon, Killian a dû te donner les scénarios…

On se regarde tous en silence. Pas de Killian.

Gérard crie à Kevin :

– Oh, Killian, tu rêves ! On se retire les doigts du cul, les gars, on n'a que deux jours…

– Kevin/Karl/Killian sursaute :

– Euh oui oui, bien sûr, Gérard, bien sûr…

Il se retourne vers moi :

– Attends, je rêve, t'as pas lu les scénars ?

– Ben !

– Putain, je rêve, il a pas lu les scénars !

Et il lève les yeux au ciel, genre non mais attends quoi… Il sort deux minutes et revient en me tendant une liasse que j'ai jamais vue de ma vie…

– Bosser avec les amateurs, galère, quoi !

Putain, il commence à me faire chier, celui-là… en plus, il me les a jamais donnés ses cons de scénars…

Je suis cool, mais j'ai quand même fait cinq ans de hockey, je peux casser une gueule, s'il le faut !

– Bon, super, pour les essais lumière, je te laisse voir avec Killian, il fait l'interface avec l'équipe technique, dit Gérard Jugnot.

– Euh, c'est Kevin en fait…

– Oui oui… bon, moi, je vais dans ma loge prendre une douche, tu viens quand c'est prêt.

Les mecs qui font la technique ont l'air super blasés. Ils ont des fiches, des caméras, des micros, des outils, ils font ce qu'ils doivent faire, comme s'ils faisaient n'importe quoi d'autre. D'après ce que j'ai compris, y en a un qui est le chef, c'est celui qui parle avec Kevin…

Je feuillette les scénars… oh putain, mais ils se foutent carrément de ma gueule tout du long… Je dois faire une tronche d'abruti et, à la fin, dire un truc, genre « j'en ai dans la culotte » ou « vive mon slip »… Putain, la honte… faut que je pense qu'aux sous… Oh dis, comme une pute un peu…

Je m'assieds sur une chaise qui traîne, tout le monde bosse, je regarde où je dois bouger, ce que je dois dire… c'est pas trop compliqué, mais j'ai un peu la trouille, j'ai pas envie que tout rate à cause de moi…

– Ah ben, ça va, tranquille, toi, siffle Killian, mais vas-y, assieds-toi, on a juste un tournage à 300 000 euros en cours.

– Eh oh, ça va, je dis, j'ai droit de m'asseoir, hein !

– Il répond en plus ! C'est la meilleure, quand t'auras la carrière de Gérard, tu viendras te la péter, mais là, juste tu t'écrases, quoi !

Et il accompagne sa phrase d'un geste de la main, genre « du balai… »

Putain, je sais pas ce qui me prend, de voir sa main, là, qui s'agite, ça me fait paf dans le ventre, je me lève, et bam, coup de boule !

Le garde du corps arrive en courant, il me tient le bras.

– *Hey, it's OK, it's OK !*

– C'est bon, je dis…

Kevin est toujours debout. Il caresse sa mâchoire. Il a la bouche ouverte, mais y a rien qui sort. Il saigne même pas.

– Il saigne même pas, je dis.

Le garde du corps sourit. Kevin a toujours pas réussi à dire un mot. Mais je suis sûr que le premier qu'il va dire va être très con.

– Alors là, je porte plainte !

Gérard Jugnot arrive à ce moment-là :

– Bon, alors, c'est pas prêt, putain, Killian t'es pas sur le coup, là… Je te préviens, si t'es pas sur le coup, moi je prends un autre assistant. Moi, je t'ai pris pour faire plaisir à ta mère, si t'es pas au taquet, tu dégages !

Ahah ! je rigole dans ma tête, mais ça doit se voir sur mes lèvres… il est cool, Gérard Jugnot !

Kevin me regarde comme s'il voulait me tuer. Mais, à partir de maintenant, je sais qu'il va plus jamais mal me parler.

– Benjamin, on va faire une courte répète. Bon, c'est tout con, t'as qu'à danser…

– Mais je sais pas danser, moi !

– Justement, c'est ça qui est cool… tu danses en faisant n'importe quoi… comme quand tu avais six ans…

– Comme quand j'avais six ans ?

– Pareil.

Je souris. Ça tombe bien. J'aimais bien quand j'avais six ans. C'était cool. Je mangeais une cuillerée de miel, je fermais les yeux et je tournais jusqu'à tomber par terre.

– Y a pas de musique ? je demande.

– Non, t'as qu'à imaginer celle que tu veux dans ta tête.

OK. Je ferme les yeux dans mon slip. J'ai six ans. On est dimanche matin. On vient de divorcer. Mon père a du mal à se réveiller. Je lui demande un disque :

– Tu peux mettre celui avec le monsieur rigolo ?

Il grogne que oui, attends un peu.

Le disque démarre. J'avale une grande cuillerée de miel. *Il est à qui, hein, le youki ?* Je souris et ça se voit sur ma bouche. Et je danse, et je danse, et je danse, j'ai jamais autant dansé de ma vie, je danse et je rigole, je danse tellement qu'à la fin je tombe par terre.

Quand ça fait boum, je rouvre les yeux. Ahahah !

Gérard me regarde avec des gros yeux ronds. Le garde du corps, les techniciens me regardent avec des gros yeux ronds. Killian me regarde avec ses petits yeux levés au ciel…

Gros silence. Gros gros silence.

– Putain, c'est génial ! Heureusement, j'ai filmé. À mon avis, on fera pas mieux.

Je rigole.

– Je peux aller me rhabiller un moment ?

– Heu oui oui, bien sûr, bien sûr… Killian, son peignoir.

– Pardon ?

– Killian, son peignoir.

Kevin obéit. Il est bien obligé, sinon on va le dire à sa mère.

Gérard Jugnot vient vers moi et me demande :

– Dis, t'as pensé à quoi comme musique pour faire ça ? Un truc de ton âge ? Du rap ?

Je souris, et je prends un air mystérieux :

– C'est mon secret.

Il rigole :

– Petit con, va, file t'habiller.

Richard Gotainer : *Le Youki.* 1986. 12 ans avant ma naissance !

le lapin rose

Bon ben voilà, après, y a pas eu grand-chose d'intéressant, on a fini le tournage, on a mangé au restau et on est rentrés en avion. Et j'ai été dans un bar à putes.

Rien de super intéressant, quoi…

Bon, d'accord, le bar à putes, c'est super intéressant. Mais je sais pas comment raconter.

C'était le deuxième soir. Comme tous les autres soirs je me retrouvais tout seul, entre Gérard Jugnot qui restait dans sa chambre à bosser et l'autre con qui passait ses nuits en boîte… J'allais encore me faire chier à regarder *Télé Zoulou*, mais heureusement, dans le hall, j'ai croisé le garde du corps qui discutait avec le gars de la sécurité de l'hôtel…

– Eh, boy ! il m'appelle.

Cool, je me dis, c'est classe, je trouve, de croiser du monde dans un pays où on vient d'arriver.

– Salut !

Il me présente au gars avec qui il cause… bon, en vrai, comme ils causent anglais tous les deux et moi, je suis super nul en anglais, je vais essayer de raconter ce qui s'est passé, mais sans tout dire ce qu'on s'est dit, parce que la plupart du temps on s'est dit des trucs qu'on comprenait pas…

Bon, en tout cas, je me suis retrouvé avec ces deux gars, dans la ville la plus dangereuse du monde, et franchement ils étaient tellement costauds que j'avais presque envie qu'on se fasse attaquer, juste pour le fun…

D'abord, on a mangé un burger, avec des frites et un Coca… moi, j'ai pris un Monster Burger, le garde du corps un Monster Monster Burger, et l'autre un Monster Monster Monster Burger…

– C'est bon, la bouffe africaine, j'ai dit… et ça les a fait rigoler.

Et puis, en marchant, on a croisé un pote à eux, et un autre, et après une fille, et on est montés dans une voiture… j'ai essayé de dire non, mais à chaque fois, j'avais droit à une grosse tape dans le dos et un grand rire noir, alors j'ai dit oui tout le temps… alors, en gros, voilà ce qui s'est passé. Les deux costauds ont commencé à boire pas que du Coca, ils étaient bourrés, quoi, et leurs copains aussi, mais c'était sympa, hein, alors moi, ben j'ai bu une bière. C'est pas ma première, hein, j'en ai déjà bu, mais bon, c'était avec mon père. Quand tu bois une bière avec ton père, t'as droit de boire mais t'as pas droit d'être bourré. Mais là, ça va, le gars il m'a dit que les bières en Afrique, elles sont hyper légères, on peut en boire tant qu'on veut. Alors j'en ai bu une deuxième, et c'est là que j'ai senti qu'il se passait un truc pas si léger. On est descendus de la caisse, on est entrés dans un bar, et bien sûr, que le bar ait un gros néon rouge, qu'il s'appelle Pink Rabbit et qu'il y ait trois filles en short devant, ça m'a pas mis la puce à l'oreille.

À l'intérieur, c'était franchement bizarre. Des militaires, des filles, des militaires, des filles… et moi… De la musique super forte, genre du zouk mais en pire. Sur la piste, trois filles et deux mecs qui dansent un slow, tous ensemble, alors que la musique c'est pas un slow… Je fais deux pas du youki pour rigoler, et oui, ça a fait rigoler… une fille vient vers moi et me dit un truc. Je regarde mon garde du corps, et il me fait comprendre avec les yeux, que là, il allait pas garder mon corps… la fille est super belle, toute noire avec une robe bleue, elle doit avoir mon âge.

Elle montre son verre vide, alors je lui paie un verre. Putain, c'est super cher, mais je m'en fous, j'ai décidé que je ramènerais pas de sous chez moi… (ils m'ont donné des dollars pour payer mes trucs sur place, ça s'appelle des *per diem*).

On trinque, elle cogne son verre contre le mien, je bois cul sec, elle se rapproche de moi comme si elle voulait danser, alors que j'entends plus la musique. Elle me dit un autre truc à l'oreille, genre 100 dollars, et là, je souris et je tombe.

Kimberley !

– Alors, t'as été en Afrique ?

– Ouais, ouais…

– Et c'était cool ?

– Ouais ouais…

– Moi mon beau-père, il est africain.

– Ah ouais ?

– Ouais ouais.

Je rêve. Je suis en train d'avoir la discussion la plus intéressante du monde avec une fille.

– Mais comment tu sais ?

– C'est ton copain, le gros, il raconte à tout le monde que tu connais Gérard Depardieu.

– C'est Gérard Jugnot.

– Ah.

Je suis au CDI. La fille, c'est pas celle que je kiffais. C'est une autre que je connais pas. Y avait pas de place, alors, j'ai demandé si je pouvais, elle m'a dit oui, alors bon… je l'ai même pas draguée.

– Mais tu connais Gorille ? je demande.

– Gorille ? ben oui, hein… qui connaît pas Gorille ?

– Ben je sais pas…

– Il est super connu au lycée.

– Ah bon ?

– Ouais, il est cool…

– Ah bon ?

Je fais semblant de lire mon livre. C'est un livre sur Mandela. Y a le prof d'histoire qui m'a demandé si je voulais faire un exposé sur l'Afrique du Sud, vu que j'en viens. Je tourne légèrement la tête pour voir la fille. Elle a beaucoup de cheveux, mais le bout de son nez qui dépasse me plaît beaucoup.

– Tu lis quoi ? je demande.

– Un roman.

– Ah ? et ça parle de quoi ?

– C'est marrant, c'est un type dans un village, un type de notre âge, dans un village, il prend un fusil et il bute tout le monde.

– Ah ouais, ça a l'air cool…

– Et toi, tu lis quoi ?

– Un truc sur Mandela.

– Ah ouais, mon beau-père, il dit que ce mec-là, c'est plus qu'un dieu pour lui…

– Ouais, en Afrique du Sud, y a sa photo partout.

Putain, j'ose même pas lui demander comment elle s'appelle… si je lui demande comment elle s'appelle, elle va savoir que je la drague, si je lui demande pas, ben, je vais jamais savoir comment elle s'appelle…

Je suis con, moi… je me suis retrouvé en slip devant des filles en maillot de bain, j'ai cassé la gueule à un fils à papa, je connais Gérard Jugnot, je suis pote avec des gardes du corps, y a une MILF qui m'a repéré dans la rue parce que je suis mignon, j'ai tourné dans une pub, je suis même tombé dans les pommes dans un bar à putes en Afrique, et là, j'ose pas demander son prénom à une fille de mon lycée.

– Comment tu t'appelles ?

C'est sorti tout seul. Finalement, c'était pas si dur.

– Kimberley.

Oh merde, le prénom tout moche.

– Mais t'as qu'à dire Kim…

– OK… moi, c'est Benjamin.

– Je sais. Ton pote gros, il nous soûle tout le temps avec toi…

– Ah bon ?

– Oui, il parle de toi, sérieux, comme mon beau-père il parle de Mandela.

– Ah.

Je replonge dans mon livre.

– T'as qui en français ?

Ah le con qui pose une question à la con !

– Béasse.

– Ah ? c'est une grosse connasse, il paraît.

– Non, moi, j'ai son mari, il est cool. D'ailleurs, il la fait cocue.

– Non ? Sans déconner ? Comment tu sais ça ?

– C'est mon frère qui était au lycée y a deux ans qui me l'a dit.

– Ah.

Je regarde Mandela. Il sourit tout le temps, quand même… moi, je trouve que c'est un peu con, de sourire tout le temps. Kimberley elle sourit pas trop, juste ce qu'il faut. C'est pas un canon non plus, mais ça va, juste ce qu'il faut.

– Ça me soûle, d'ailleurs, le prof de français il veut que je fasse un dossier, pour relever mes notes… ça me soûle, je sais pas quoi faire…

Oups, c'est une perche. Tac, je l'attrape.

– Ben, moi j'en fais un sur Mandela, t'as qu'à faire avec moi si tu veux…

– Ah ouais, t'as raison, c'est pas con, en plus mon beau-père il sera content.

Mandela aussi a l'air content. Il sourit en faisant le V de la victoire.

ZAZ

Je fume pas, je bois pas, je baise pas. En gros, ma vie c'est vraiment de la merde. Putain, j'ai seize ans, et à quoi ça me sert ? hein ? Mon père me dit que lui, à seize ans, il avait toutes les gonzesses qu'il voulait. Tu parles, si c'est comme aujourd'hui. L'autre jour, il a ramené une fille à manger, je te jure, c'était Zaz… si, genre la chanteuse qui a un ruban sur la tête, qui gagne de l'argent en chantant qu'elle veut pas en gagner… mon père, il aime bien ça, les babas cool. Mon père, c'est le genre à trouver que traîner en survète c'est nul et mettre des pantalons africains, c'est cool… Putain, des pantalons africains sur des Blancs, je trouve ça d'un naze… C'est Picot, la prof de SVT qui en met… elle a même des tresses… des tresses africaines sur des Blancs, attends, moi si j'étais président de la République, je rétablirais la peine de mort juste pour ça…

La pub sort la semaine prochaine. D'abord les affiches, et trois jours plus tard, les spots télé et sur Internet…

Y a un truc qui me fait chier, quand même, c'est que Charlotte m'a pas rappelé une seule fois… c'est du genre, je te trouve et après plus rien… Ça va, quand même, elle pourrait passer un coup de fil… remarque, si Kevin lui a raconté que je lui ai mis un coup de boule, c'est normal.

J'ai aussi essayé d'appeler Gérard Jugnot. Il m'a donné sa carte et m'a dit que je pouvais l'appeler, si j'avais besoin d'un truc. En vrai, j'ai besoin de rien, mais je me suis dit que peut-être il était au courant de tournages, que je pourrais faire des castings, pour être acteur.

C'est marrant, quand je me dis que je pourrais être acteur, d'un côté je trouve ça cool, et de l'autre, je m'en fous… Acteur, c'est bizarre, quand même… ça veut dire que les gens te connaissent alors que tu les connais pas… Y a Kimberley qui a laissé un message sur mon portable. Je l'ai pas rappelée. Je vais le faire… en fait, je préfère attendre que la pub sorte. C'est con, ça a rien à voir, mais je préfère.

– Benjamin ?

– Ouais ?

– Ça te dit, ce week-end, qu'on descende en Bretagne ?

– Pour quoi faire ?

– Tu sais, ta grand-mère, elle est malade… à mon avis, si tu veux la voir, faut pas trop traîner, quoi…

– Ah. D'accord.

ma mère et moi

J'aime bien quand ma mère conduit. Elle prend jamais l'autoroute, que les petites routes. On met deux fois plus de temps, mais ça me gène pas. On s'arrête dans des cafés au bord de la route. On mange, moi un sandwich, elle une salade. C'est marrant, elle n'est plus grosse. Avant, elle était grosse, et puis là, depuis quelque temps, elle est devenue super jolie. Pour une vieille je veux dire. Des fois, ma mère, elle passe sa main dans mes cheveux en souriant. Je laisserais personne d'autre au monde faire ça. Quand elle fait ça, j'ai six ans. Mais pas six ans quand je danse sur le youki, mais six ans, quand je m'endors après que maman m'a raconté une histoire. Je sais pas comment elle fait ma mère, elle est cool, sans rien faire pour être cool. Elle a dû naître comme ça. Cool. Sa mère était pareil. Enfin, était, est, je devrais dire. Elle est pas encore morte.

– Tu veux quoi comme musique ?

– Ce que tu veux…

Ma mère glisse un vieux CD.

– C'est quoi ?

– Un truc que tu connais pas…

Je ferme les yeux. Bien sûr que je connais. Ma mère écoutait ça tout le temps, avant. C'est une chanson d'un type qui raconte qu'il retournera à Montréal…

J'ai envie de pleurer. C'est bizarre d'avoir envie de pleurer, alors qu'y a rien de triste, que tout va bien, que je suis heureux.

Putain, si ma mère passe sa main dans mes cheveux, je me mets à chialer direct.

Ma mère me passe la main dans les cheveux.

Je chiale.

Ma mère sourit. Elle s'arrête pas pour me consoler. Y a pas besoin. Elle continue à rouler. On longe des champs jaunes. La chanson s'arrête. J'ai plus envie de pleurer. Je me mouche.

Ma mère tourne un peu la tête vers moi, sourit et dit :

– Ça va mieux ?

– Ouais…

Je mets un disque à moi… du coup, c'est ma mère qui a envie de pleurer…

– C'est quoi ?

– MC raof 10 roufik and back…

– Hum.

mémé

Ma grand-mère n'est pas morte. Elle est pas bien vivante non plus… Elle doit être entre les deux.

Je reste dans la cuisine. J'ai pas trop envie de la voir comme ça… Je mange un truc. Je regarde un truc. Je pense à un truc.

Mon grand-père rentre (en vrai, c'est pas mon vrai grand-père, c'est juste le deuxième mari à ma grand-mère, mais pour moi c'est comme si c'était mon vrai grand-père) :

– Tu veux un truc ?

– Ça va.

– T'as une copine ?

– Hein ?

– T'as une copine ?

– Euh… oui, un peu.

– Ah ouais, t'as une copine un peu, toi ?

– Ben, non, mais oui, mais c'est pas sûr encore…

– T'as pas de copine, quoi…

Et il sort.

Franchement, je comprends pourquoi elle meurt, ma grand-mère, il est trop chelou, mon grand-père. Il est pas vieux, en vrai, il a eu ma mère super jeune, et comme ma mère m'a aussi eu super jeune, du coup il est super jeune pour un grand-père.

Je sors. Il est dans le jardin. C'est ma grand-mère qui s'en occupait, alors là il est tout pourri… Je parle du jardin.

– Tu fumes ? il demande.

– Non, je réponds.

– Tu baises pas, tu fumes pas, tu bois, au moins ?

– Ben non… enfin, si j'ai pris une cuite en Afrique.

– Ah oui, ta mère m'a dit, t'as été en Afrique…

– Ouais, c'était cool, j'ai même vu…

– Tu sais, moi, l'Afrique…

Il se baisse pour ramasser un truc…

– J'ai toujours trouvé ça pas terrible…

Mon grand-père a l'air content de ce qu'il vient de dire. Comme je sais pas quoi répondre, il sourit.

– T'as été voir ta grand-mère ?

– Pas encore.

– Vas-y vite…

Il me montre la chambre aux volets fermés avec son menton.

J'y vais.

Je frappe. Ouais, elle va pas répondre. Elle est allongée, elle a des tuyaux dans le nez et un peu partout. Ma mère me dit :

– T'étais pas obligé.

Je hausse les épaules.

Bon. Ben voilà. Je suis là. Et bizarrement, y a rien qui se passe. Rien. J'ai pas envie de pleurer, j'ai pas envie de rire, j'ai pas envie de partir, j'ai pas envie de rester.

C'est comme si de la voir là, ça me faisait rien rien rien. Alors que tout à l'heure, j'ai chialé en écoutant une con de chanson.

Maman essaie de caresser mes cheveux. Je recule.

– Arrête, c'est bon…

Mon grand-père a mis un disque. C'est un truc de son époque. Y a une photo de lui, à mon âge, il avait une crête, et une tête de mort sur son blouson. C'était un punk. C'est marrant, parce que la photo a été prise quand ma mère est née.

Il est peintre. Ça marche bien pour lui. Il est un peu riche. Ça n'empêche pas sa femme de mourir… mais bon, il est un peu riche. Il a commencé en peignant des têtes de morts, et le problème c'est que ça a super marché et, du coup, maintenant il peut pas se mettre à peindre des bouquets de fleurs. Il est obligé de continuer à peindre des têtes de morts…

Je sors de la chambre.

Je prends une tranche de jambon dans le frigo. Ma mère sort de la chambre de sa mère.

Je lui fais un sourire :

– Ça va ?

Elle fait une moue, genre « non, ça va pas ». Elle me pique la tranche de jambon et la mange d'un coup.

pépé

– C'est quoi cette histoire de pub ?

Mon grand-père me fait signe de monter dans sa voiture.

– Ben, c'est une meuf, elle m'a abordé dans la rue, elle m'a dit que si je voulais je pouvais faire des photos.

– Et t'as dit oui ?

– Ben ouais, c'est marrant…

– Ton père il a dit oui aussi ?

– Ouais.

– Tiens-moi ça.

Il me tend un petit chien.

– C'est à toi ? je demande.

– Ouais, j'ai pris un chien. C'est bizarre, hein ? Pendant trente ans, j'ai répété que j'aimais pas les chiens, et là, j'ai un chien.

– Tu l'as acheté ?

– Pas vraiment. C'est une vieille au bout de la rue, je ne sais pas si tu la connais, tu sais, elle te faisait des gâteaux quand t'étais petit. Elle est morte. Du coup, sa fille m'a demandé de m'occuper de son chien. C'était ça ou on le piquait.

Il le pose à l'arrière de la voiture.

– Et voilà…

On pense à la même chose tous les deux… mais on le dit pas, ni lui ni moi.

– Faut que je passe au tabac…

Il parle pas. Il est vieux, il est pas vieux, j'arrive pas à savoir… En tout cas, il a pas le moral…

– Ça va passer à la télé ?

– Ouais…

– J'espère que t'as été bien payé ?

– Ouais, franchement, ça va… mais j'aurais les thunes qu'à mes dix-huit ans…

– Ouais, c'est normal… c'est pour éviter que les parents piquent le fric de leurs enfants… et tu t'es vu, déjà ?

– J'ai vu des bouts… ça sort lundi, d'abord les affiches et après à la télé et sur le Net… pfff…

– Pourquoi tu soupires ?

– Ben, j'ai peur qu'on se foute de ma gueule. Je suis en slip…

Il sourit.

– Ça c'est sûr qu'on va se foutre de ta gueule…

– Pffff…

– Tu fais des pubs en slip, c'est normal qu'on se foute de ta gueule… mais qu'est-ce que t'en as à foutre ? Tu vas voir, tu vas te taper toutes les filles du lycée.

Ça, c'est cool, tiens, je vais garder ça, comme phrase, dans ma tête…

la star

Et voilà l'histoire.

Et ce matin, en sortant de chez moi, je suis tombé sur une affiche 4 X 3 de ma tronche en slip.

Je souris. J'ai l'air content. Je suis tout blanc sur fond rouge. Je suis le roi des slips.

Y en a partout… Même devant le lycée…

Ça va, en fait. Je pensais que j'étais plus moche que ça. Mais ça va…

Brahim s'approche de moi :

– Ça va, t'es bien dans ton slip ?

– Lâche-moi, Brahim-ta-mère…

Y a même l'autre con qui crie houba houba alors que c'est le marsupilami, pas le kangourou…

Je vais au fond de la cour, là où on est toujours. Gorille me fait un signe de la main. C'est hyper rare.

– Salut, ça va ?

– Ouais, ça va, je réponds.

J'hésite un peu.

– Alors, t'as vu ?

– J'ai vu quoi ?

– Ben, les affiches…

– Ben, ouais, et alors, qu'est-ce que j'en ai à foutre…

Et voilà comment j'ai pas pris la grosse tête, grâce à mon ami Gorille.

– T'as fait tes maths ? il demande.

– Putain non, j'ai oublié.

– Tu vas te faire tuer…

Oh, y a Kimberley qu'arrive…

– Salut, ça va ?

– Ouais, impec…

– T'as avancé l'exposé ?

– Euh, non, j'ai pas pu, j'ai dû aller chez ma grand-mère ce week-end…

– Ah… tu peux à 4 heures ? On peut aller travailler chez moi, mon daron est pas là…

– Ah ouais…

– Bon, ben, à 4 heures, au portail…

– Ouais, à 4 heures au portail…

Putain, comme elle m'a allumé !

– Putain, comme elle t'a allumé, dit Iban…

– Non, c'est juste une copine… on fait un exposé…

– Tu vas la niquer, dit Gorille…

– Arrête, t'es con…

– C'est toi qu'es con, tu vas la niquer je te dis…

Putain, j'ai même pas de capotes…

– Merde, comment tu vas faire ? Tu sors du lycée à midi ?

– Non, j'ai pas droit…

– Tu t'en fous, tu la baises sans capote…

– Attends, ça sonne.

C'est Charlotte.

Je m'éloigne.

– Salut, la star… alors, tu as vu les affiches…

– Ouais…

– C'est bien, non ? J'imagine, ça doit être la folie au lycée, non ?

– Ben, non, tout le monde s'en fout…

– Bah bah bah, t'inquiète, ils disent rien, ils sont tous jaloux… Dis, y a Kevin qui doit te déposer plusieurs trucs. On a un contrat à te faire signer…

– Mais j'ai signé déjà…

– Oui, c'est un de plus…

– Mais je peux pas, je suis au bahut, moi !

– Alors il passera au bahut. Dis-moi à quelle heure tu peux.

– Ben, midi. Midi, je peux. Au portail. Midi dix, plutôt.

– OK, ça roule, à plus, vedette…

Cheng

Kevin est arrivé en scooter, à midi trente.

Il descend de son con de scooter, dit pas bonjour et me tend une enveloppe…

– Eh, j'ai raté la cantine ! je râle.

Et là, il me fait un grand sourire, me tape une bise sur la joue et me dit :

– Non, mais t'inquiète, je te paie un bento. C'est Charlotte qui m'a dit, celui-là tu en prends soin, tu lui paies un bento.

Putain, je sais pas ce que c'est un bento. Je crois que c'est du chocolat, mais je vois pas pourquoi il me paierait du chocolat…

– Tiens, signe là, mon grand, et après, zou, ton casque et on va manger…

Ah ben ça alors… Kevin est gentil. Première nouvelle.

– Euh ouais, mais j'ai cours…

– Quand ?

– À 2 heures.

– T'inquiète, on sera rentrés. Je vais t'emmener chez Cheng, c'est les meilleurs !

Il me regarde :

– Non, mais attends, il connaît pas Cheng ? Tu connais pas Cheng ? Non mais attends, Cheng, c'est LE meilleur bento de la ville.

– Euh, si je connais, un jour ma mère elle a été, c'est pour ça, je connais…

Il me fait signe de monter derrière. Il me tend un casque.

– Accroche-toi, moi quand je roule je roule.

J'ai rien le temps de répondre, il démarre, et on part manger un truc que je sais pas ce que c'est. Je m'accroche à sa taille. Punaise. Je m'accroche à la taille du pd… putain, si ça se trouve, je suis pd. Si ça se trouve, son truc de bento, c'est un gros truc de pd, genre on va dans un bar avec que des mecs à poil qui disent « Tu veux manger mon bento ? »

Mais si ça se trouve, pas du tout.

– C'est là.

Chez Cheng.

Ah ben, c'est un restau chinois en fait. Son putain de bento, c'est un restau chinois, tout simplement.

Et le bento, c'est un bol avec du riz dedans.

– C'est bon, je dis.

– Je veux. J'adore ça. J'en mange tous les deux jours : un jour sushi, un jour bento. Et toi, tu aimes quoi ?

– Euh, j'aime bien les kebabs.

Il fait un air dégoûté.

– Fais gaffe, ils mettent du chien dans ces trucs.

– Ouais, ben fais gaffe, je réponds, dans les sushis, ils mettent du poisson.

Il sourit.

– Alors ça fait quoi d'être une vedette ?

– Ben euh, c'est bizarre en fait… j'ai l'impression que tout le monde s'en fiche.

– Non, les gens ne s'en fichent pas. Ils font ceux qui s'en fichent, nuance. Mais tu vas voir, toutes les filles vont te tourner autour.

Et il ajoute :

– Ou les garçons…

Hum. Je plonge ma tête dans le bol.

– T'as une petite copine ? il demande.

– Un peu. Enfin, je veux dire peut-être.

– Aaaah ? Et comment elle s'appelle ?

– Hum. Kimberley…

– Ouah, c'est très joli. Elle est belle ?

– Ça va.

– Comment ça, ça va ! C'est très important la beauté, c'est ce qui compte le plus… Tous ces trucs de beauté intérieure, c'est des conneries…

Je rigole. Il parle un peu comme mon grand-père…

J'ai envie de lui demander un truc, mais j'ose pas.

– Euh… Kevin ? Dis, tout à l'heure, je dois aller chez elle pour faire un exposé… Mais… euh… y aura pas ses parents… et… euh…

– Tu veux une capote, c'est ça ?

– Oui.

– Attends, j'en ai toujours vingt d'avance, dans ma poche ! Ben, attends, on sait jamais, hein ! Et si ça marche pas avec Kimberley, tu peux toujours m'appeler, hein !

moi

À 4 heures pile, elle est bien devant le portail du lycée. Je serre la capote dans ma poche, comme un porte-bonheur. Elle dit au revoir à sa copine en faisant semblant de pas me voir. Elle est jolie, en fait. Je sais pas pourquoi je dis à tout le monde qu'elle est pas jolie.

– Salut.

– Salut.

– Ça va ?

– Ouais, ça va.

– On va chez toi ?

– Ouais.

Pendant tout le chemin, on dit rien. Je baisse la tête, elle baisse la tête. Je ne vois que ses longs cheveux noirs et sa chemise à carreaux. Elle est habillée un peu comme un garçon, j'aime bien.

– Oh putain, c'est toi ! elle dit en levant les yeux.

Ouais, c'est moi, en slip rouge, les bras au-dessus de la tête, genre le mec qui a peur de rien. Je souris. Sur l'affiche. En vrai, je souris pas trop.

– Ça fait bizarre, elle dit.

Je baisse les yeux.

– Un peu…

– Sois pas gêné, elle dit en souriant.

– Un peu.

J'ai l'impression que je sais dire que ça, un peu, que je vais dire ça toute ma vie… un peu…

– T'inquiète, t'es super mignon…

Je souffle par le nez. Je trouve rien de mieux à faire qu'à souffler par le nez.

Je donne un petit coup d'épaule contre son épaule. Elle souffle par le nez aussi. C'est bizarre, cette nouvelle manie.

– Toi aussi, je dis… t'es super mignonne.

Et là, elle met ses mains autour de ma taille, dresse son long cou, comme une girafe qui veut manger les feuilles en haut de l'arbre, ferme les yeux, et pose ses lèvres sur mes lèvres.

Et moi, ben moi, sploutch, je plonge.

*

Le reste, c'est à moi…

*

Le lendemain, je suis retourné au bahut, parce que bon, ce qui m'est arrivé, c'est pas une maladie. J'ai bien dormi. Je me suis branlé trois fois en pensant à ce qui s'était passé.

Au début, avec Kimberley, on a pas osé se donner la main. Et puis, je me suis dit, eh puis merde, et j'ai été la voir avec ses copines et je lui ai tapé un smack direct.

Sa meilleure copine, Machin je sais jamais comment elle s'appelle, a dit :

– Vous êtes ensemble ?

Et Kim a dit oui.

Une autre de ses copines a dit :

– Franchement, moi je trouve c'est la honte d'être en slip sur les affiches comme ça dans la rue tout le monde peut te voir et tout…

– Non, moi je trouve c'est bien, il est courageux je trouve… a dit une autre copine, mais j'ai pas entendu la suite, parce que Kimberley me roulait une pelle de compète, et quand on te roule une pelle comme ça, franchement, t'entends plus rien…

Ouvrage réalisé par
Cédric Cailhol Infographiste.

Reproduit et achevé d'imprimer
par France Quercy à Mercuès
en mai 2014.

Dépôt légal : juin 2014
N° d'impression : 40440/
ISBN : 978-2-8126-0669-4
Imprimé en France.